ມືຂອງຂ້ອຍ

โดย ສົມສະໜຸດ ທອງດີ
ຮູບโดย ໂຈອານ ກາລ ເຊກູລາ

Library For All Ltd.

ອົງການ Library For All ແມ່ນອົງການທີ່ບໍ່ຫວັງຜົນກຳໄລ ທີ່ມີພັນທະກິດທີ່ຈະເຮັດໃຫ້ທຸກຄົນ
ສາມາດເຂົ້າເຖິງແຫຼ່ງຄວາມຮູ້ ຜ່ານບະອັດຕະກຳຫ້ອງສະໝຸດດິຈິຕອນ.
ເຂົ້າເບິ່ງລາຍລະອຽດເພີ່ມເຕີມທີ່: libraryforall.org

ມົຂອງຂ້ອຍ

ພິມຄັ້ງທຳອິດ 2021

ຈັດພິມໂດຍ: ອົງການ Library For All
ອີເມວ: info@libraryforall.org
URL: libraryforall.org

ປຶ້ມເຫຼັ້ມນີ້ ຖຶກສະໜັບສະໜູນໂດຍ ໂຄງການເພື່ອການຮ່ວມມືການສຶກສາ (Education
Cooperation Program).

ຮູບແຕ້ມຕົ້ນສະບັບໂດຍ ໂຈອານ ການ ເຊກູລາ

ມົຂອງຂ້ອຍ
ສົມສະໝຸດ ທອງດີ
ISBN: 978-9932-00-380-8
SKU02615

ມີຂອງຂ້ອຍ

ຂ້ອຍມີ ສອງເບື້ອງ.

ຂ້ອຍມີມື ເບື້ອງຊ້າຍ.

ຂ້ອຍມີມີ ເຄື້ອງຂວາ.

ມີ 5 ບ້ອ.

ມີສອງເບື້ອງ ເປັນບ້ອມົທັງໝົດ 10ບ້ອ.

ບ້ອນີ້ ແມ່ນ ບ້ອໂປ້.

ບິ້ວບີ້ ແມ່ບ ບິ້ວຊິ້.

ບ້ອນີ້ ແມ່ນ ບ້ອກງໆ.

ບ໊ອບີ້ ແມ່ບ ບ໊ອບໆ.

ບໍ້ບີ້ ແມ່ບ ບໍ້ກ້ອຍ.

ຂ້ອຍໃຊ້ມິບັບເລກ. 1,2,3...

ຂໍ້ມູນທາງບັນນາບຸລິນຂອງຫໍສະໝຸດແຫ່ງຊາດ

ສົມສະໝຸດ ທອງດີ
    ນີ້ຂອງຂ້ອຍ / ໂດຍ ສົມສະໝຸດ ທອງດີ. -- ວຽງຈັນ, 2021
    23 ໜ້າ : ພາບປະກອບສີ ; 21 ຊມ
    1. ວັນນະກຳສຳລັບເດັກ
    I. ຊື່ເລື່ອງ
808.068 -- dc21
    ເລກທະບຽນພິມຈຳໜ່າຍ: ຕາມທບ 137ອພຈ 23082021
    ISBN 978-9932-00-380-8

ເຈົ້າສາມາດໃຊ້ຄຳຖາມດັ່ງລຸ່ມນີ້ເພື່ອ ສືບຫະນາກ່ຽວກັບເລື່ອງທີ່ອ່ານກັບ ຄອບຄົວ, ໝູ່ ແລະ ຄູອາຈານ.

ເຈົ້າໄດ້ຮຽນຮູ້ຫຍັງຈາກເລື່ອງນີ້?

ຈົ່ງອະທິບາຍເລື່ອງນີ້ ໂດຍໃຊ້ຄຳບັບຍາຍ
1ຄຳ. ຕະຫຼົກ? ຍ້ານ? ມິສິສັບ? ໜ້າສົນໃຈ?

ເມື່ອອ່ານຈົບແລ້ວ,
ເລື່ອງນີ້ໃຫ້ຄວາມຮູ້ສຶກຫຍັງແດ່?

ໃນເລື່ອງນີ້, ເຈົ້າມັກສິ່ງໃດຫຼາຍທີ່ສຸດ?

ດາວໂລດແອັບ
getlibraryforall.org

ກ່ຽວກັບຜູ້ປະກອບສ່ວນ

Library For All ເຮັດວຽກຮ່ວມມືກັບນັກຂຽນ ແລະ ນັກແຕ້ມ
ທົ່ວ ໂລກເພື່ອສ້າງເລື່ອງທີ່ຫຼາກຫຼາຍ, ມີຄຸນນະພາບສູງໃຫ້ກັບຜູ້
ອ່ານໂຕນ້ອຍ. ທຸກຄົນສາມາດເຂົ້າໄປ ເວັບໄຊ libraryforall.org
ເພື່ອຮູ້ຂ່າວຫຼ້າສຸດ ກ່ຽວກັບກິດຈະກໍາຝຶກອົບຮົມນັກຂຽນ, ຄູ່ມືຕ່າງໆ ແລະ
ໂອກາດສ້າງສັນອື່ນໆ.

ປຶ້ມທຶ່ວນີ້ມ່ວນບໍ່?

ພວກເຮົາມີປຶ້ມຫຼາຍຮ້ອຍຫົວໃຫ້ເລືອກອ່ານ.

ພວກເຮົາຮ່ວມມືກັບບັກຂຽນ, ຊ່ຽງຊານດ້ານການສຶກສາ, ທີ່ປຶກສາທາງດ້ານວັດທະນະທຳ, ລັດຖະບານ ແລະ ອົງກອນທີ່ບໍ່ຂຶ້ນກັບລັດຖະບານ ເພື່ອນຳຄວາມເພີດເພີນ ໃນການ ອ່ານໃຫ້ກັບເດັກນ້ອຍທົ່ວທຸກແຫ່ງ.

ຮູ້ບໍ່?

ພວກເຮົາສ້າງການປ່ຽນແປງທີ່ດີໃນຂົງເຂດນີ້ ໂດຍປະຕິບັດ ເປົ້າໝາຍ ການພັດທະນາແບບຍືນຍົງຂອງສະຫະປະຊາຊາດ.

libraryforall.org